# ¿DÓNDE ESTÁ EL ZOMBI?

## ILUSTRACIONES: PAUL MORAN

## GUIÓN: JEN WAINWRIGHT

## DISEÑO: ANGIE ALLISON Y ZOE BRADLEY

Título original: *Where's the Zombie?*
Traducción: Marc Barrobés
1.ª edición: noviembre 2013
© Michael O'Mara Books Limited 2013
© Ediciones B, S. A., 2013
para el sello B de Blok
Consell de Cent, 425-427 - 08009 Barcelona (España)
*www.edicionesb.com*

Publicado por primera vez en Gran Bretaña en 2013 por Michael O'Mara Books Limited,
9 Lion Yard, Tremadoc Road, London SW4 7NQ

Printed in China – Impreso en China
ISBN: 978-84-15579-58-8

**blok**
B DE BLOK

Barcelona • Madrid • Bogotá • Buenos Aires • Caracas •
México D. F. • Miami • Montevideo • Santiago de Chile

# BROTE EN EL LABORATORIO

## 11 DE FEBRERO

El científico Joel Peters está confinado en cuarentena tras un accidente en los laboratorios Hart, en el estado de Nueva York, la semana pasada.

Peters, de 42 años, al parecer se vio expuesto a una cepa altamente concentrada de un nuevo virus, cuyo nombre en clave es ZX-5, que estaba desarrollando en el laboratorio.

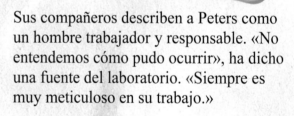

NOMBRE: J. PETERS

EMPLEADO N.º: 24576

NIVEL DE SEGURIDAD: 2

LA FAMILIA PETERS EN UNA BARBACOA EL VERANO PASADO

Sus compañeros describen a Peters como un hombre trabajador y responsable. «No entendemos cómo pudo ocurrir», ha dicho una fuente del laboratorio. «Siempre es muy meticuloso en su trabajo.»

El sábado fue trasladado de la casa que comparte con sus ancianos padres, su esposa Martha y sus cuatro hijos.

Poco se sabe de la naturaleza exacta de sus síntomas, pero los médicos informan de un rápido deterioro de su estado físico en las últimas 24 horas. No hemos podido contactar con su familia para conocer su opinión.

# LA FAMILIA PETERS SE DA A LA FUGA

«Es vital encontrar y confinar a la familia Peters», afirmó anoche el director de los laboratorios Hart.

## 20 DE FEBRERO

El periódico *Central News* ha sabido que Joel Peters ha huido de la unidad de cuarentena. Ayer se confirmó que su familia y sus mascotas también están infectados con el virus ZX-5, y según nos han informado no se los ha podido localizar.

Se han divulgado imágenes de la familia Peters por todo el país. Se ruega a los ciudadanos que no se acerquen a ellos bajo ninguna circunstancia.

«Por favor, estén alerta por si los ven e informen a la policía inmediatamente en caso afirmativo. Necesitamos estudiarlos con urgencia para comprender mejor cómo funciona este virus extremadamente impredecible.»

**ATENCIÓN: NO SE ACERQUEN A ESTAS PERSONAS NI A ESTOS ANIMALES. SON MUY CONTAGIOSOS Y ENORMEMENTE PELIGROSOS.**

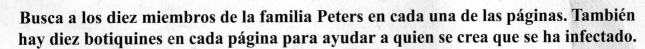
**Busca a los diez miembros de la familia Peters en cada una de las páginas. También hay diez botiquines en cada página para ayudar a quien se crea que se ha infectado.**

# ÚLTIMA HORA: 3 de marzo

## Hospital en cuarentena tras el brote de un nuevo virus

Los médicos, desconcertados, describen a las víctimas como «muertos vivientes».

DIRECTO

¿Has visto a esta familia?

**ÚLTIMA HORA: 8 de marzo**

## Las autoridades temen que el virus pueda propagarse por el aire

Se aconseja a los ciudadanos que eviten a toda costa los espacios públicos abarrotados

¿Has visto a esta familia?

DIRECTO

**ÚLTIMA HORA: 17 de marzo**

## La infección se propaga rápidamente por las áreas urbanas

Las autoridades califican el virus como epidemia de Nivel 1.

DIRECTO

¿Has visto a esta familia?

**ÚLTIMA HORA: 22 de marzo**

## Los colegios de toda la región tendrán que cerrar

El instituto Ringhill High permanece abierto a pesar de los temores.

¿Has visto a esta familia?

DIRECTO

# ÚLTIMA HORA: 30 de marzo

## Algunas familias transforman una estación de metro en un búnker

Cunde el pánico a medida que aumenta el número de infectados.

¿Has visto a esta familia?

DIRECTO

ÚLTIMA HORA: 31 de marzo

Saqueadores asaltan el distrito financiero de la ciudad

Ladrones armados ignoran el elevado riesgo de contaminación de los «zombis» infectados.

¿Has visto a esta familia?

DIRECTO

# ÚLTIMA HORA: 4 de abril

## Se confirma que se han visto zombis fuera de las zonas de exclusión urbanas

Se celebran cumbres de crisis visto el fracaso de los esfuerzos de contención.

DIRECTO

¿Has visto a esta familia?

# ÚLTIMA HORA: 10 de abril

## La Casa Blanca invadida

Evacuado el Presidente a un lugar seguro por los disturbios zombis.

¿Has visto a esta familia?

DIRECTO

# ÚLTIMA HORA: 16 de abril

## Las compras provocadas por el pánico vacían las tiendas

Estalla la violencia en un supermercado al quedar pocas existencias.

¿Has visto a esta familia?

DIRECTO

# ÚLTIMA HORA: 22 de abril

## Caos en las carreteras

Los supervivientes se dirigen en gran número a los puertos.

¿Has visto a esta familia?

DIRECTO

# ÚLTIMA HORA: 28 de abril

## Trágico accidente aéreo sobre el Sahara

Se confirma que todos los supervivientes están infectados.

¿Has visto a esta familia?

DIRECTO

# ÚLTIMA HORA: 30 de abril

## Bandas de vigilantes juran luchar y resistir

Batalla en las calles entre grupos de valerosos supervivientes armados y zombis.

¿Has visto a esta familia?

# ÚLTIMA HORA: 2 de mayo

## Interviene el ejército para ayudar en las zonas más afectadas

Alivio con la llegada de helicópteros con provisiones y armas.

¿Has visto a esta familia?

DIRECTO

# ÚLTIMA HORA: 5 de mayo

## Abortado el plan de evacuación subterránea

Los zombis atacan las cloacas de Silvertown, bloqueando la ruta prevista de huida.

DIRECTO

¿Has visto a esta familia?

# ÚLTIMA HORA: 6 de mayo

## Ataque a los laboratorios Lightning Science

El asalto de los zombis destruye los prototipos de antídoto.

¿Has visto a esta familia?

# ÚLTIMA HORA: 9 de mayo

## Descubierto un «nido» de zombis cerca de una fortificación

Enviadas urgentemente fuerzas de eliminación para limpiar la zona.

¿Has visto a esta familia?

DIRECTO

**ÚLTIMA HORA: 12 de mayo**

## Los zombis penetran en las fortificaciones X e Y

Los supervivientes huyen a la Fortaleza Z, la única fortificación restante.

DIRECTO

¿Has visto a esta familia?

ÚLTIMA HORA: 15 de mayo

Cae la Fortaleza Z...

# Soluciones

## Encuentra también

Un racimo de uvas ☐

Una inyección en el trasero ☐

Un vestido manchado de vómito ☐

Un traje de peligro biológico rasgado ☐

Una persecución en sillas de ruedas ☐

**ÚLTIMA HORA: 3 de marzo**

Hospital en cuarentena tras el brote de un nuevo virus

Los médicos, desconcertados, describen a las víctimas como «muertos vivientes». ¿Has visto a esta familia? **DIRECTO**

**ÚLTIMA HORA: 8 de marzo**

Las autoridades temen que el virus pueda propagarse por el aire

Se aconseja a los ciudadanos que eviten a toda costa los espacios públicos abarrotados. ¿Has visto a esta familia? **DIRECTO**

## Encuentra también

Un payaso sonriente ☐

Una pesca horripilante ☐

Un agente de policía zombi ☐

Ocho conejos ☐

Un paseo romántico en carro ☐

ZUCCX

**ÚLTIMA HORA: 17 de marzo**
La infección se propaga rápidamente por las áreas urbanas
Las autoridades califican el virus como epidemia de Nivel 1.          ¿Has visto a esta familia?          DIRECTO

## Encuentra también

Un maniquí enloquecido

Un perro gigante que pierde la cabeza

Un ataque con un bolso

Una abuela guerrera con un paraguas

Dos bolsas rojas de la compra

## Encuentra también

Una zombi y un humano besándose

Nueve bananas

Una mano de zombi en una bolsa

Un tipo trajeado con un maletín

Un tirón de calzoncillos

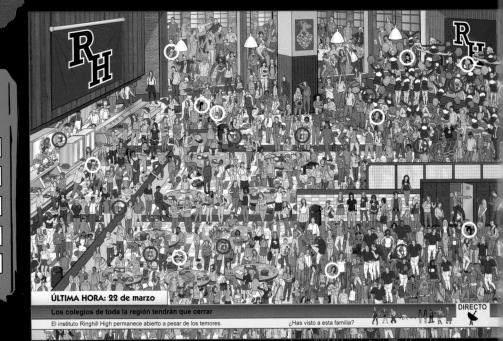

**ÚLTIMA HORA: 22 de marzo**
Los colegios de toda la región tendrán que cerrar
El instituto Ringhill High permanece abierto a pesar de los temores.          ¿Has visto a esta familia?          DIRECTO

**ÚLTIMA HORA: 30 de marzo**
Algunas familias transforman una estación de metro en un búnker
Cunde el pánico a medida que aumenta el número de infectados.          ¿Has visto a esta familia?          DIRECTO

## Encuentra también

Un hombre con un muñeco de vudú

Una tetera utilizada como arma

Tres sacerdotes

Un hombre con un parche en el ojo

Un zombi con los calzoncillos en la cara

**ÚLTIMA HORA: 31 de marzo**

**Saqueadores asaltan el distrito financiero de la ciudad**

Ladrones armados ignoran el elevado riesgo de contaminación de los «zombis» infectados.     ¿Has visto a esta familia?     DIRECTO

## Encuentra también

Un artista del graffiti

Zombis atados con una cuerda

Un hombre derribando una puerta a patadas

Una cabeza lanzada desde una moto

Levantamiento de pesas con un zombi

## Encuentra también

Un zombi saliendo de la tumba

Una vaca decapitando a alguien

Un tiro certero a través del tejado

Un lazo

Una vaca serrada por la mitad

**ÚLTIMA HORA: 4 de abril**

**Se confirma que se han visto zombis fuera de las zonas de exclusión urbanas**

Se celebran cumbres de crisis visto el fracaso de los esfuerzos de contención.     ¿Has visto a esta familia?     DIRECTO

**ÚLTIMA HORA: 10 de abril**

**La Casa Blanca invadida**

Evacuado el Presidente a un lugar seguro por los disturbios zombis.     ¿Has visto a esta familia?     DIRECTO

## Encuentra también

Fotocopias extremas

Dos niños escondiéndose

Un zombi cogiendo a un hombre del cuello

Dos jarrones de flores

Una criada zombi

**ÚLTIMA HORA: 16 de abril**

Las compras provocadas por el pánico vacían las tiendas

Estalla la violencia en un supermercado al quedar pocas existencias.

¿Has visto a esta familia?

DIRECTO
A

## Encuentra también

Una mochila muy pesada

Un ataque con un cortacésped

Un zombi escondido en un escaparate

Un zombi con una piña

Una patada de karate dramática

## Encuentra también

Un chef zombi

Una abuela con una pistola

Un hombre sacado a rastras de su coche

Un pompón espeluznante

Un zombi en monopatín

## Encuentra también

Un zombi con camisa hawaiana

Tres flotadores

Un carrito de bebidas

Una maleta con pegatinas

Un osito de peluche con una pierna

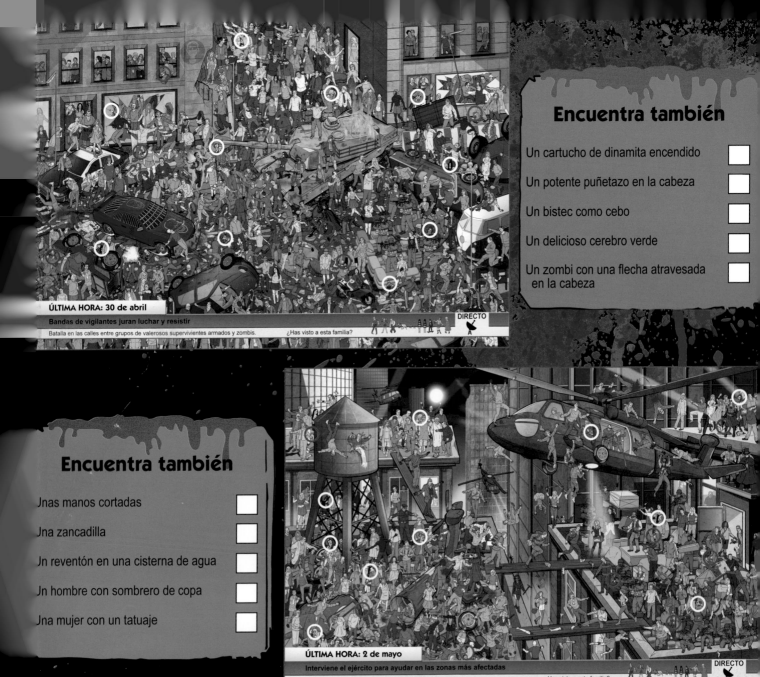

## Encuentra también

Un cartucho de dinamita encendido

Un potente puñetazo en la cabeza

Un bistec como cebo

Un delicioso cerebro verde

Un zombi con una flecha atravesada en la cabeza

**ÚLTIMA HORA: 30 de abril**

Bandas de vigilantes juran luchar y resistir

Batalla en las calles entre grupos de valerosos supervivientes armados y zombis.     ¿Has visto a esta familia?     DIRECTO

## Encuentra también

Jnas manos cortadas

Jna zancadilla

Jn reventón en una cisterna de agua

Jn hombre con sombrero de copa

Jna mujer con un tatuaje

**ÚLTIMA HORA: 2 de mayo**

Interviene el ejército para ayudar en las zonas más afectadas

Alivio con la llegada de helicópteros con provisiones y armas.     ¿Has visto a esta familia?     DIRECTO

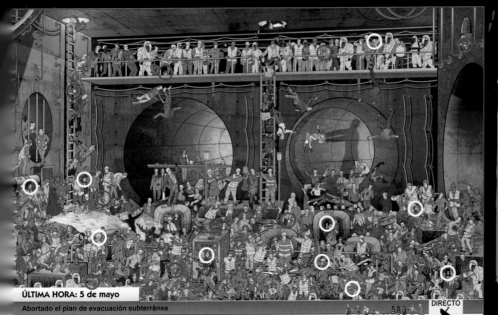

## Encuentra también

Ocho caimanes

Un rollo de papel higiénico rosa

Un taladro en la rodilla

Un pico en plena cara

Un ataque de ratas

**ÚLTIMA HORA: 5 de mayo**

Abortado el plan de evacuación subterránea

Los zombis atacan las cloacas de Silvertown, bloqueando la ruta prevista de huida.     ¿Has visto a esta familia?     DIRECTO

**ÚLTIMA HORA: 6 de mayo**

Ataque a los laboratorios Lightning Science

El asalto de los zombis destruye los prototipos de antídoto.          ¿Has visto a esta familia?          DIRECTO

## Encuentra también

Un mono con un juguete escalofriante ☐

Un ordenador portátil volando ☐

Un zombi con cabeza de vaca ☐

Un perro mutante meando ☐

El ataque del moco asesino ☐

## Encuentra también

Un superhéroe zombi ☐

Un perro mordiendo las partes íntimas ☐

Una cabeza de vaca pudriéndose ☐

Un soldado esquivando una bala zombi ☐

Un zapato rojo chillón de tacón alto ☐

**ÚLTIMA HORA: 9 de mayo**

Descubierto un «nido» de zombis cerca de una fortificación

Enviadas urgentemente fuerzas de eliminación para limpiar la zona.          ¿Has visto a esta familia?          DIRECTO

**ÚLTIMA HORA: 12 de mayo**

Los zombis penetran en las fortificaciones X e Y

Los supervivientes huyen a la Fortaleza Z, la única fortificación restante.          ¿Has visto a esta familia?          DIRECTO

## Encuentra también

Un buitre cenando ☐

Una mujer con mascarilla ☐

Tres cerebros al descubierto ☐

Una explosión ☐

Un piloto en un apuro ☐